La maison
বাড়ি

Dictionnaire d'images bilingue pour enfants

Français-Bengali

Richard Carlson

The author would like to thank the translators for their contribution.

La porte

দরজা

La fenêtre
জানালা

Le canapé

সোফা

La table basse

টেবিল

Le tapis

মেঝেতে পাতবার কম্বল

Le salon

বসার ঘর

Le rideau

পর্দা

La pendule

ঘড়ি

Le tableau

ছবি

Le fauteuil

চেয়ার

La lampe
বাতি

Les placards
ক্যাবিনেট

Les fleurs
ফুল

La chaise

চেয়ার

La table

টেবিল

La salle à manger
খাবার ঘর

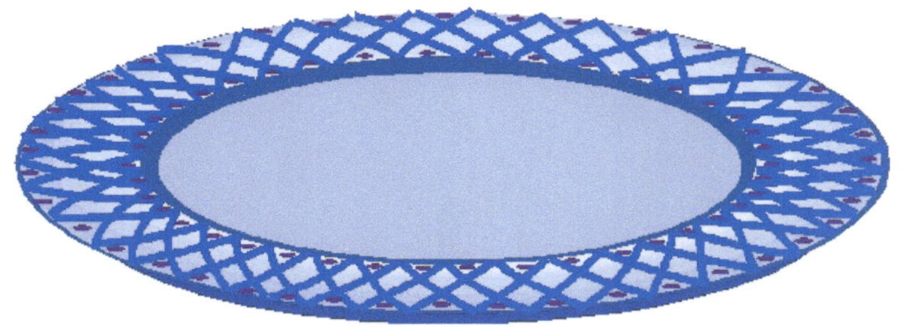

L'assiette

প্লেট

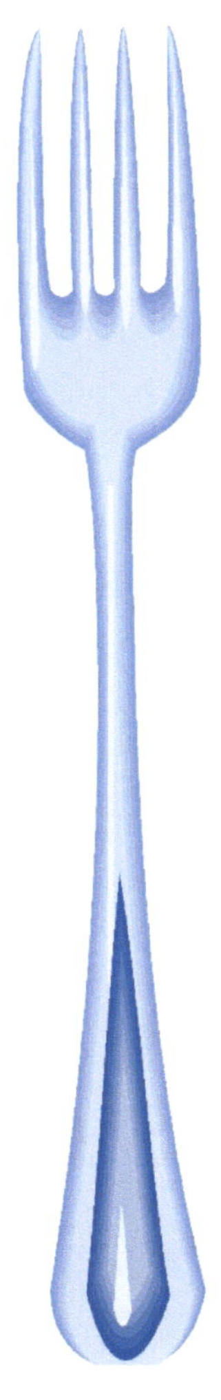

La fourchette
কাঁটা চামচ

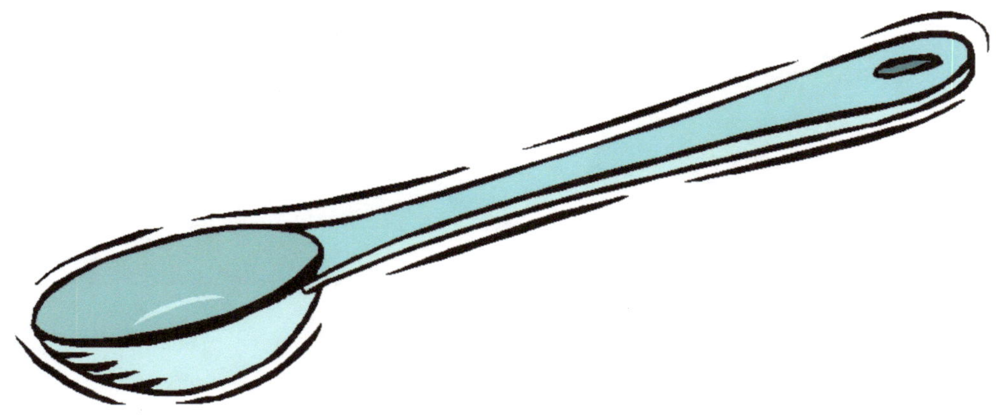

La cuillère

চামচ

Le couteau

ছুরি

Le verre

গ্লাস

La tasse

কাপ

La cuisine

রান্নাঘর

Le four

চুলা বা উনান

Le réfrigérateur

রেফ্রিজারেটর

L'évier

সিঙ্ক

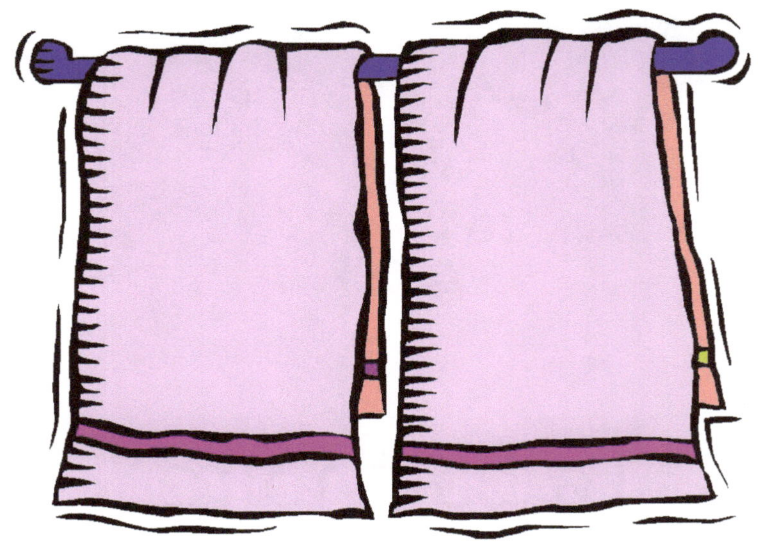

La serviette

তোয়ালে

La baignoire
বাথটাব

La douche

ঝর্না

La bibliothèque

বইয়ের তাক

Le lit

বিছানা

La commode

ড্রেসিং টেবিল

La chambre
শোবার ঘর বা শয়ন কক্ষ

Le placard
আলমারি

Le berceau

শিশু শয্যা

La radio

রেডিও

Le four à micro-ondes
মাইক্রোওয়েভ

La poubelle

আবর্জনা ফেলার পাত্র

Apprenez des choses dans un dictionnaire d'images illustrant la maison.

À propos de l'auteur : Richard Carlson est auteur de livres bilingues pour enfants.
www.richardcarlson.com